Das Elefantenbuch

2

Schreiben und Rechtschreiben

Schulausgangsschrift

Schroedel
westermann

Von A bis Z

Der Elefant geht mit der Maus
in die weite Welt hinaus.
Sie singen laut das Alphabet
von Anfang A bis Ende Z.

1 Verbinde die Buchstaben in der Reihenfolge des ABC.

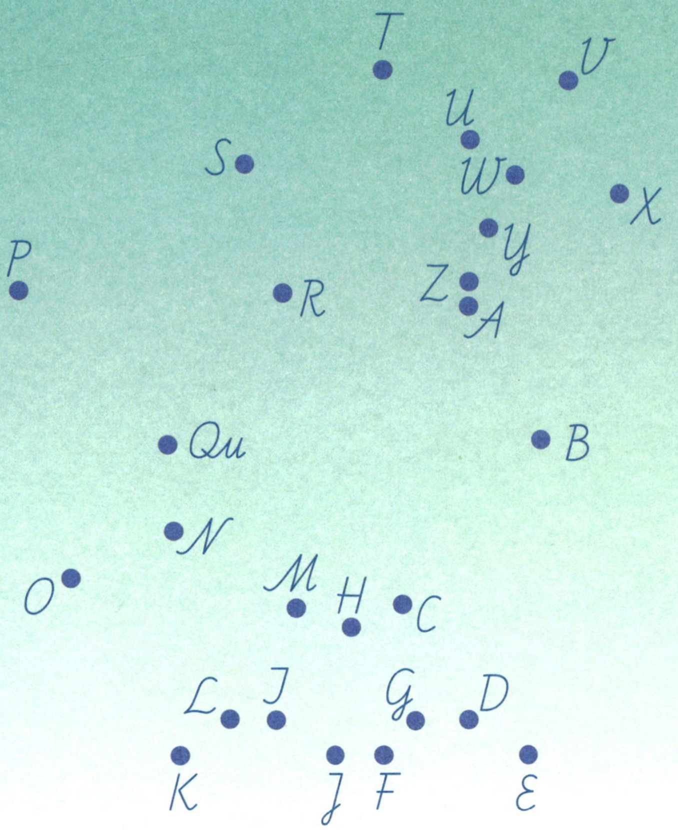

1 Verbinde die Buchstaben in der Reihenfolge des ABC.

2 Schreibe das ABC mit großen Buchstaben.

3 Verbinde die Buchstaben in der Reihenfolge des ABC.

4 Schreibe das ABC mit kleinen Buchstaben.

1 Ergänze die kleinen Buchstaben in den Wolken.

a b c d e f g h i
j k l m n o p qu
r s ſ u v w x y z

2 Ergänze die großen Buchstaben im ABC-Gedicht.

A B C D E F G H I
J K L M N O P Qu
R S T U V W X Y Z

n s

k qu v

y

Bauchweh

☐☐☐☐☐,
die Maus schaut in den See.
☐☐☐☐☐,
sie springt hinein ganz flott.
☐☐☐☐☐☐,
da tut der Bauch ihr weh.
☐☐☐☐☐,
nun braucht sie etwas Ruh'.
☐☐☐☐☐,
sie schläft in ihrem Bett.

Mond ____________

____

____

Jacke ____________

____

____

Garten ____________

____

____

____

Computer ____________

____

Affe ____________

Mond
Leiter
Katze
Igel
Garten
Dose
Jacke
Haus
Elefant
Fenster
Ball
Computer
Affe

1 Schreibe die Wörter nach dem ABC geordnet.

2 Schreibe die Wörter.

Oma

Nase

Puppe

Sonne

Rad

Qualle

Wolke

Tisch

Uhr

Xylofon

Yak

Vogel

Zoo

Qualle

Rad

Tisch

Xylofon

Yak

3 Schreibe die Wörter.

Diese Wörter haben einen **Mitlaut** am Anfang.

Eine kleine Katze

Oma und Opa haben kleine Katzen.
Eine Katze hat ein schwarzes Ohr.
Tim nimmt sie auf den Arm.
Er will sie haben.

1 Male die kleine Katze an, die Tim auf dem Arm hat.

2 Kennzeichne diese Nomen im Text und schreibe sie.

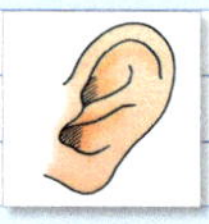

3 Schreibe die Nomen.

_atze _rm _ma

_ogel _utter _pa

4 Wie heißt der Satz aus der Geschichte? E r w i l l s i e h a b e n .

Elefantenbuch 2 Wörterliste

Name: ______________________

A a

1 ab
2 aber
3 Affe, der
4 Affen, die
5 alle
6 alles
7 allein
8 als
9 alt
10 am
11 an
12 andere
13 Angst, die
14 Ängste, die
15 antworten
16 sie antwortet
17 Apfel, der
18 Äpfel, die
19 Arm, der
20 Arme, die
21 Arzt, der
22 Ärzte, die
23 auch
24 auf
25 Auge, das
26 Augen, die
27 aus
28 Auto, das
29 Autos, die

B b

1 Bach, der
2 Bäche, die
3 bald
4 Ball, der
5 Bälle, die
6 bauen
7 er baut
8 Baum, der
9 Bäume, die
10 bei
11 beide
12 Bein, das
13 Beine, die
14 bellen
15 er bellt
16 besuchen
17 er besucht
18 Bett, das
19 Betten, die
20 Bild, das
21 Bilder, die
22 bin → sein
23 bis
24 bist → sein
25 bitten
26 er bittet
27 Blatt, das
28 Blätter, die
29 blau
30 bleiben
31 er bleibt
32 Blume, die
33 Blumen, die
34 brauchen
35 sie braucht
36 Brief, der
37 Briefe, die
38 bringen
39 sie bringt
40 Brot, das
41 Brote, die
42 Bruder, der
43 Brüder, die
44 Buch, das
45 Bücher, die
46 Bus, der
47 Busse, die
48 Butter, die

C c

1 Computer, der
2 Computer, die

D d

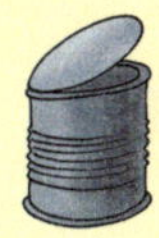

1 da
2 Dach, das
3 Dächer, die
4 dann
5 daraus
6 darf → dürfen
7 das
8 dass
9 dein
10 deine
11 dem
12 den
13 denken
14 sie denkt
15 denn
16 der
17 dich
18 die
19 Dienstag, der
20 dir
21 doch
22 Donnerstag, der
23 Dorf, das
24 Dörfer, die
25 Dose, die
26 Dosen, die
27 drei
28 du
29 dunkel
30 durch
31 dürfen
32 er darf

E e

1 Ei, das
2 Eier, die
3 ein
4 eine
5 einen
6 einer
7 einmal
8 eins
9 Eis, das
10 Elefant, der
11 Elefanten, die
12 Eltern, die
13 er
14 es
15 essen
16 er isst
17 etwas
18 euch
19 euer
20 Euro, der
21 Euros, die

F f

1 fahren
2 sie fährt
3 fallen
4 er fällt
5 fassen

ISBN 978-3-507-41165-4 © Schroedel

6 sie fasst
7 feiern
8 er feiert
9 Fenster, das
10 Fenster, die
11 Fest, das
12 Feste, die
13 Fisch, der
14 Fische, die
15 Fliege, die
16 Fliegen, die
17 fliegen
18 er fliegt
19 Fluss, der
20 Flüsse, die
21 fragen
22 sie fragt
23 Frau, die
24 Frauen, die
25 frei
26 Freitag, der
27 fressen
28 er frisst
29 Freude, die
30 Freuden, die
31 freuen
32 er freut sich
33 Freund, der
34 Freunde, die
35 Freundin, die
36 Freundinnen
37 für
38 Fuß, der
39 Füße, die
40 Futter, das

G g

1 ganz
2 Garten, der
3 Gärten, die
4 geben
5 er gibt
6 Geburtstag, der
7 Geburtstage, die
8 gehen
9 sie geht
10 gelb
11 Geld, das
12 Gelder, die
13 gern
14 gestern
15 gewinnen
16 sie gewinnt
17 gibt → geben
18 groß
19 grün
20 gut

H h

1 haben
2 er hat
3 hallo
4 halten
5 sie hält
6 Hand, die
7 Hände, die
8 Hase, der
9 Hasen, die
10 hat → haben
11 Haus, das
12 Häuser, die
13 nach Hause
14 helfen
15 er hilft
16 heiß
17 herein
18 heute
19 hier
20 Hilfe, die
21 Hilfen, die
22 Himmel, der
23 hinaus
24 hinter
25 hoch
26 holen
27 sie holt
28 hören
29 er hört
30 Hose, die
31 Hosen, die
32 Hund, der
33 Hunde, die
34 Hut, der
35 Hüte, die

I i

1 ich
2 Igel, der
3 Igel, die
4 ihm
5 ihn
6 ihr
7 im
8 immer
9 in
10 ins
11 isst → essen
12 ist → sein

J j

1 ja
2 Junge, der
3 Jungen, die

K k

1 kalt
2 kann → können
3 kaputt
4 Katze, die
5 Katzen, die
6 kaufen
7 er kauft
8 kein
9 keine
10 kennen
11 sie kennt
12 Kind, das
13 Kinder, die
14 Kiste, die
15 Kisten, die
16 Klasse, die
17 Klassen, die
18 klein
19 kleine
20 kommen
21 er kommt
22 können
23 sie kann
24 Kopf, der
25 Köpfe, die
26 krank
27 Kuchen, der
28 Kuchen, die
29 Kuss, der
30 Küsse, die
31 küssen
32 er küsst

L l

1 lachen
2 sie lacht
3 landen
4 er landet
5 lang
6 lange
7 lassen
8 er lässt
9 laufen
10 sie läuft
11 laut

12 leicht
13 leise
14 Leiter, die
15 Leitern, die
16 lesen
17 sie liest
18 Leute, die
19 lieb
20 liegen
21 er liegt
22 Loch, das
23 Löcher, die
24 los
25 Luft, die

M m

1 machen
2 er macht
3 Mädchen, das
4 Mädchen, die
5 malen
6 sie malt
7 Mama, die
8 Mamas, die
9 Mann, der
10 Männer, die
11 Maus, die
12 Mäuse, die
13 mehr
14 mein
15 meine
16 mich
17 mir
18 mit
19 Mittwoch, der
20 Mond, der
21 Monde, die
22 Montag, der
23 morgen
24 müde
25 Mund, der
26 Münder, die
27 müssen
28 er muss
29 Mutter, die
30 Mütter, die

N n

1 nach
2 Nacht, die
3 Nächte, die
4 Name, der
5 Namen, die
6 Nase, die
7 Nasen, die
8 nass
9 nehmen
10 sie nimmt
11 nein
12 Nest, das
13 Nester, die
14 neu
15 nicht
16 noch
17 nun
18 nur

O o

1 oder
2 offen
3 oft
4 Ohr, das
5 Ohren, die
6 Oma, die
7 Omas, die
8 Opa, der
9 Opas, die

P p

1 Papa, der
2 Papas, die
3 Platz, der
4 Plätze, die
5 Puppe, die
6 Puppen, die

Qu qu

1 Qualle, die
2 Quallen, die

R r

1 Rad, das
2 Räder, die
3 Radio, das
4 Radios, die
5 Raum, der
6 Räume, die
7 reden
8 sie redet
9 Regen, der
10 rennen
11 er rennt
12 rollen
13 sie rollt
14 rot
15 rufen
16 er ruft

S s

1 Saft, der
2 Säfte, die
3 sagen
4 er sagt
5 Samstag, der
6 scheinen
7 sie scheint
8 schief
9 Schiff, das
10 Schiffe, die
11 schlafen
12 er schläft
13 schnell
14 schon
15 schön
16 schreiben
17 sie schreibt
18 Schule, die
19 Schulen, die
20 schwarz
21 schwer
22 Schwester, die
23 Schwestern, die
24 schwimmen
25 sie schwimmt
26 sehen
27 er sieht
28 sehr
29 sein
30 ich bin
31 du bist
32 sie ist
33 wir sind
34 es war
35 sein
36 seine
37 seit
38 sich
39 sie
40 sieben
41 sind → sein
42 singen
43 er singt
44 sitzen
45 sie sitzt
46 sollen
47 er soll
48 Sonnabend, der

49 Sonne, die
50 Sonnen, die
51 Sonntag, der
52 Spaß, der
53 Späße, die
54 spät
55 Spiel, das
56 Spiele, die
57 spielen
58 er spielt
59 sprechen
60 sie spricht
61 springen
62 er springt
63 Stadt, die
64 Städte, die
65 Stau, der
66 Staus, die
67 stehen
68 sie steht
69 steigen
70 er steigt
71 stellen
72 er stellt
73 still
74 Straße, die
75 Straßen, die
76 Sturm, der
77 suchen
78 sie sucht

T t

1 Tag, der
2 Tage, die
3 Tal, das
4 Täler, die
5 Tasse, die
6 Tassen, die
7 tauchen
8 er taucht
9 Telefon, das
10 Telefone, die
11 Tier, das
12 Tiere, die
13 Tisch, der
14 Tische, die
15 Tonne, die
16 Tonnen, die
17 tragen
18 sie trägt
19 Traum, der
20 Träume, die
21 traurig
22 trinken
23 er trinkt
24 Tür, die
25 Türen, die

U u

1 über
2 Uhr, die
3 Uhren, die
4 um
5 und
6 uns
7 unser
8 unter

V v

1 Vater, der
2 Väter, die
3 viel
4 viele
5 vier
6 Vogel, der
7 Vögel, die
8 voll
9 vom
10 von
11 vor

W w

1 wackeln
2 es wackelt
3 Wald, der
4 Wälder, die
5 Wand, die
6 Wände, die
7 wandern
8 sie wandert
9 wann
10 Wanne, die
11 Wannen, die
12 war → sein
13 warm
14 warten
15 er wartet
16 warum
17 was
18 waschen
19 er wäscht
20 Wasser, das
21 weg
22 weil
23 weinen
24 er weint
25 weiß
26 weiß → wissen
27 weit
28 Welle, die
29 Wellen, die
30 wenn
31 wer
32 werden
33 es wird
34 wie
35 wieder
36 Wiese, die
37 Wiesen, die
38 Wind, der
39 Winde, die
40 wippen
41 sie wippt
42 wir
43 wissen
44 sie weiß
45 wo
46 Wolke, die
47 Wolken, die
49 wollen
50 er will
51 wünschen
52 sie wünscht

X x

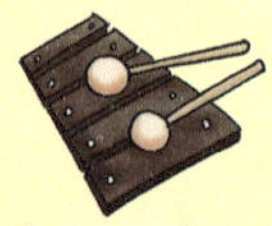

1 Xylofon, das

Y y

1 Yak, der

Z z

1 zeigen
2 sie zeigt
3 Zeit, die
4 Zeiten, die
5 Zoo, der
6 zu
7 Zug, der
8 Züge, die
9 zum
10 zur
11 zurück
12 zwei
13 zwischen

5 Schreibe die Geschichte ab. Wähle einen Schluss aus und füge ihn hinzu.

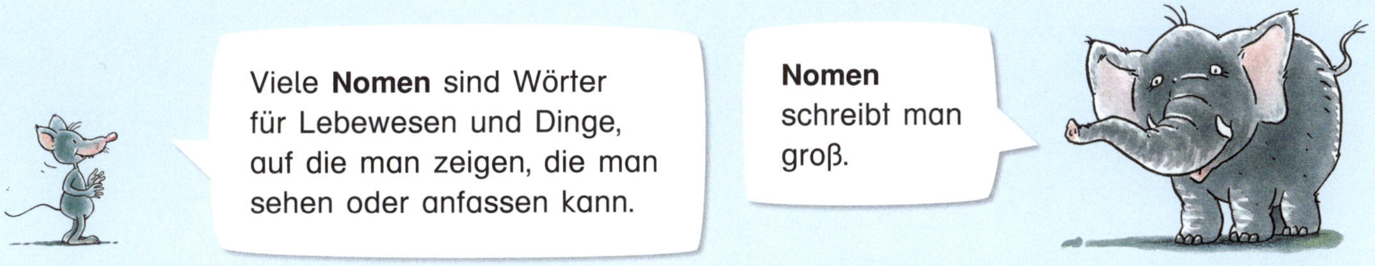

1 Schreibe die Nomen.

K | L | H | eiter | aus | atze

V | M | B | utter | all | ogel

2 Schreibe die Nomen nach Lebewesen und Dingen geordnet.

Lebewesen	Dinge

3 Schreibe die Nomen.

T | F | M | enster | aus | isch | O | E | D | lefant | ose | ma

4 Schreibe die Nomen nach Lebewesen und Dingen geordnet.

Lebewesen	Dinge

Der Vogel

Das Fenster war offen.
Nun sitzt der Vogel
auf dem Baum.
Da rennt das Kind schnell
in den Garten.

1 Wo sitzt der Vogel? Male ihn ins Bild.

2 Kennzeichne diese Nomen im Text. Baum Fenster Garten Kind Vogel

3 Schreibe die Nomen mit dem Artikel *der*, *die* oder *das*.

 *der*

4 Schreibe diese Nomen mit Artikel.

 *die*

 *das*

5 Wie heißt der Satz aus der Geschichte? DASFENSTERWAROFFEN.

6 Schreibe die Geschichte ab. Wähle einen Schluss aus und füge ihn hinzu.

7 Kontrolliere, ob du alles richtig geschrieben hast (→ S. 92).

Die Wörter
der, die, das
heißen **Artikel**.

Vor **Nomen** kann man
einen **Artikel** setzen:
der Vogel, die Leiter,
das Fenster.

1 der

2

3

4

5

6 das

7

8

9

10

1 Schreibe die Nomen mit Artikel neben die Bilder.
Trage sie in die Kreuzworträtsel ein.

Affe Arm Elefant Garten Kind Mutter Oma Vater Vogel

2 Bilde verschiedene Geschichten. Schreibe eine auf.

3 Schreibe eine weitere Geschichte.
Du kannst mit anderen zusammenarbeiten.

Die Kinder sind mit Mutter
und Vater im Zoo.
Lisa will bei den Elefanten bleiben.
Aber Tim will zu den Affen gehen.

1 Wähle eine Überschrift für die Geschichte aus.

Lisa und Tim	Im Zoo	Elefanten und Affen

2 Schreibe die Nomen.

	Einzahl		Mehrzahl
	das Kind		die
		V 2	
		M 30	

3 Wie heißt der Satz?  will ein  essen.

4 Schreibe die Geschichte mit deiner Überschrift ab. Füge einen Schluss hinzu.

Nomen können
in der **Einzahl** stehen:
der Vater,
die Mutter,
das Kind

Nomen können
in der **Mehrzahl** stehen:
die Väter,
die Mütter,
die Kinder

Einzahl	Mehrzahl
das	die

Fenster Leiter Kind Vogel Affe Oma

Fenster Leitern Kinder Vögel Affen Omas

1 Schreibe die Nomen.

2 Schreibe die Nomen nach dem ABC geordnet.

	Einzahl	Mehrzahl
A 3	der	
E 20		
F 13		
H 8		
J 2		
M 11		

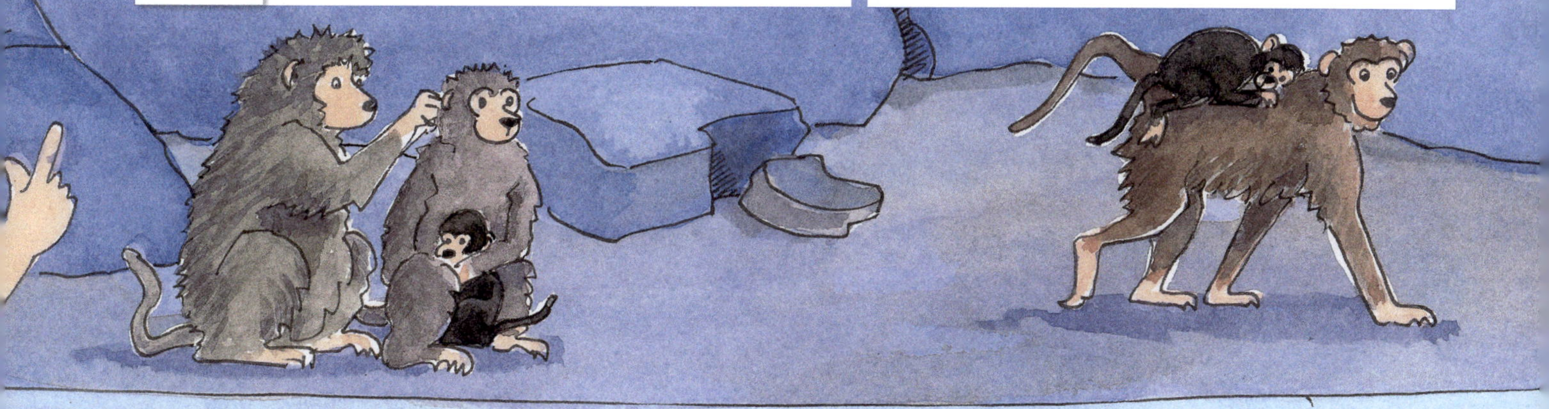

3 Suche die Nomen in der Wörterliste und schreibe sie.

4 Schreibe die Nomen in der Einzahl und in der Mehrzahl mit ihrem Artikel.

5 Suche diese Nomen in der Wörterliste und schreibe sie.
Kennzeichne die Nomen für Lebewesen und Dinge mit zwei verschiedenen Farben.

A 28 B 44 F 23 G 11 J 2 K 28 M 3 M 9

6 Schreibe eine Tiergeschichte.

Elefant und Maus ______________

Der Elefant wandert zum Fluss.

Die Maus geht mit.

Aber sie wird müde.

Da muss ihr Freund sie tragen.

Bald sind sie am Fluss.

1 Ergänze die Überschrift.

wandern | sind müde | am Fluss | ...

2 Schreibe die Nomen aus dem Text.

aus | lefant | luss | reund

3 Suche die Wörter in der Wörterliste und schreibe sie.
Kennzeichne sie in der Geschichte.

a 2 | b 3 | d 1 | d 16 | d 18

4 Wie heißt der Satz?

un | st | er | lefant | üde.

5 Schreibe die Geschichte ab und füge einen Schluss hinzu.

6 Kennzeichne alle Punkte am Satzende farbig.

Das erste Wort im Satz schreibt man groß.

Wenn ein Satz zu Ende ist, setzt man einen Punkt.

Elefant Sonne Wolke Fisch Blatt

Maus Schiff Welle Dose Baum

1 Schreibe die Nomen mit dem unbestimmten Artikel *ein* oder *eine*.

ein	*eine*

Das sind die **bestimmten** Artikel: der, die, das

Das sind die **unbestimmten** Artikel: ein, eine

die Freunde sind im Wasser
sie schwimmen sehr weit aber
dann wird die Maus müde da
trägt sie der Elefant er
schwimmt mit ihr zurück sie
legen sich in den warmen Sand

2 In diesen sechs Sätzen fehlen die Punkte. Kennzeichne jedes Satzende.

3 Schreibe die fehlenden Wörter. Setze die Punkte.
Denke daran, dass man das erste Wort im Satz großschreibt.

______ Freunde sind im Wasser
______ schwimmen sehr weit ______
dann wird die Maus müde ______
trägt sie der Elefant ______
schwimmt mit ihr zurück ______
legen sich in den warmen Sand

4 Schreibe den Text ab.

Schnell!

Die Maus rennt in ihr Haus.
Sie ruft ihrem Freund zu:
„Nun lauf schnell in dein Haus!“
Der Elefant fragt:
„Warum, kleine Maus?“
Da antwortet die Maus:

1 Wähle einen Schluss aus und ergänze das Bild.

2 Schreibe die Nomen mit Artikel.

F 33

N 2

3 Suche die Wörter in der Wörterliste und schreibe sie.
Kennzeichne sie im Text.

d 1 | d 16 | d 18 | n 17

s 13 | s 39 | w 16

4 Wie heißt der Satz aus der Geschichte?

in  die rennt  ihr .

5 Schreibe die Geschichte ab und füge einen Schluss hinzu.

6 Kennzeichne das Fragezeichen und das Ausrufezeichen mit verschiedenen Farben.

Nach einer Frage steht ein **Fragezeichen**.

Nach einem Ausruf steht ein **Ausrufezeichen**.

1 Im Text fehlen die Punkte. Kennzeichne jedes Satzende.

2 Kennzeichne die sieben Nomen und schreibe sie.

Reihenfolge im Text	nach dem ABC geordnet

3 Trage die fehlenden Wörter ein und setze die Punkte.
Denke daran: Satzanfänge und Nomen schreibt man groß.

______ ______________ *stehen im* ______________

______ *sind schon ganz nass* ______

______________ *steigt und steigt* ______

______________ *steht schon bis zur*

____________ *im Wasser* ______ *nimmt*

der ____________ *sie hoch* ______ *gibt*

ihm einen ______________

4 Schreibe den Text mit einer eigenen Überschrift ab.

Die Katze

Die Maus hat Angst.
Vor ihrem Haus wartet die Katze.
Sie bittet:
„Kleine Maus,
lass mich in dein Haus."

1 Wer hat Angst?
Antworte mit einem Satz aus der Geschichte.

2 Schreibe die Nomen mit Artikel.

 A 13

3 Schreibe die Sätze.
Kennzeichne die Anführungszeichen.

ie aus ntwortet:

er lefant st on a.

4 Schreibe die Geschichte ab und füge einen Schluss hinzu.

5 Kennzeichne die Anführungszeichen farbig.

Was jemand sagt,
setzt man in **Anführungszeichen**.

„Ja, kleine Maus."

 H 22  V 6 G 2  M 3 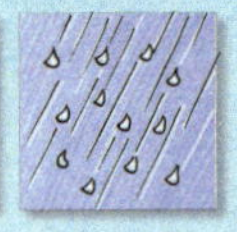 B 42 M 29 S 22 V 1

1 Schreibe die Nomen.
Kennzeichne die Wortenden
-el, -en, -er.

2 Schreibe die Nomen. Achtung! Ein Wort hat ein a am Ende.
Überprüfe mit der Wörterliste.

Butt  Fenst  Leit  Om  Futt  Wass 

Bei manchen Wörtern **hört** man am Ende ein „a“.

Aber **schreiben** muss man meistens -er.

Die Maus fragt:
„Kommt die Katze ?"
„Spielst du mit mir "
„Gibt es Regen "
„............ ?"

Der Elefant ruft:
„Ich habe keine Zeit !"
„Lauf in dein Haus "
„Sie kommt "
„............ !"

3 Ergänze die Fragezeichen und die Ausrufezeichen.

4 Schreibe ein Gespräch zwischen der Maus und dem Elefanten.

5 Ergänze die Anführungszeichen.

Die Katze fragt:
„Kommst du zu mir ?"
Darf ich in dein Haus ?
Was machst du ?
„............ ?"

Die Maus ruft:
„Ich schlafe !"
Du bist zu groß!
Der Elefant ist da!
„............ !"

6 Schreibe ein Gespräch zwischen der Katze und der Maus.

7 Denke dir ein Gespräch zwischen zwei Tieren aus und schreibe es auf.
Ihr könnt auch zu zweit arbeiten.

Bus fahren

Mama und Leon warten auf den Bus.
Sie müssen zum Arzt fahren.
Aber sie sehen keinen Bus.
Mama und Leon wollen nicht
zu spät kommen.
Was sollen sie nur machen?

1 Wohin müssen Mama und Leon fahren?
Antworte mit einem Satz aus der Geschichte.

2 Kennzeichne diese Verben im Text und schreibe sie.

fahren warten müssen sehen wollen kommen sollen machen

3 Zu diesen Verben findest du Reimwörter im Text. Schreibe die Wortpaare.

küssen gehen sollen lachen

4 Wie heißt der Satz aus der Geschichte?

auf  warten  den  und .

Sie gehen zu Fuß.

Sie rufen Papa an.

Sie … .

5 Schreibe die Geschichte ab und füge einen Schluss hinzu.
Du kannst für *Mama* und *Leon* auch andere Namen einsetzen.

Wörter wie
fahren, warten, kommen
heißen **Verben**.

Mit **Verben**
kann man sagen,
was jemand **tut**:
wir fahren, sie warten

lau	len
wei	fen
ma	nen

es	hen
ge	chen
la	sen

hö	sen
le	zen
sit	ren

1 Verbinde die Silben zu Verben.

2 Schreibe die Verben.

3 Schreibe, was du gut kannst: *Ich kann gut …*

l e s t e h e n s e n
r u h a l t e n f e n
e s f a h r e n s e n

l a u s i t z e n f e n w a r t e n
b l e i h ö r e n b e n s e h e n

4 Kennzeichne die versteckten Verben und schreibe sie.

5 Aus den übrig gebliebenen Silben kannst du noch fünf Verben bilden. Schreibe sie auf.

6 Schreibe auf, was du auf einer langen Busfahrt tun kannst:
Ich kann schlafen, ...

7 Schreibe Verben auf, die man gut nachspielen kann:
schlafen, essen, weinen, ...

Auto fahren

Papa und die Kinder wollen Oma besuchen.
Sie steigen ins Auto und fahren los.
Auf einmal müssen alle Autos halten.
Papa sagt: „Wir stehen im Stau.
Nun muss Oma warten."

1 Welche Farbe hat Papas Auto? ☐ rot ☐ blau ☐ grün

2 Kennzeichne diese Verben im Text und schreibe sie.

fahren halten stehen warten

3 Schreibe diese Verben und trage die Nummern aus der Wörterliste ein.

		gebeugte Form		Grundform
sagt				
muss				
kennt				
will				

4 Wie heißt der Satz aus der Geschichte?

 an  stellt das .

5 Schreibe die Geschichte ab und füge einen Schluss hinzu.

6 Kennzeichne alle Verben.

In der Wörterliste stehen die Verben in der **Grundform** und in einer **gebeugten Form**.

sagen – er sagt
müssen – er muss

Bei Oma dürfen Julia und Leon auf der S 74 *s* 57. *Das machts viel S* 52.

1 Suche die Wörter in der Wörterliste und schreibe sie.

S 55 ______ *s* 54 ______ *s* 57 ______

s 70 ______ *S* 74 ______

2 Schreibe das Verb *spielen* in den gebeugten Formen.

spiel *e* *st* *t* *en*

ich ______ *er* ______

du ______ *wir* ______

Manche Wörter spricht man am Wortanfang mit „schp“ oder „scht“.

Man schreibt sie aber mit Sp/sp oder St/st:
Spaß, spielen
Stau, steigen

Doch da ruft Papa: „Kinder, s[70] ins Auto! Es ist schon s[54].“

3 Schreibe die Geschichte ab.

4 Kennzeichne *Sp/sp* und *St/st* im Text in unterschiedlichen Farben.

5 Wie kann die Geschichte weitergehen? Schreibe einen Schluss.

6 Suche in der Wörterliste alle Wörter mit *Sp/sp* und *St/st* und schreibe sie.

Rad fahren

Leon will zu Murat fahren.
Aber sein Rad ist kaputt.
Was soll er nur machen?
Er fragt: „Julia,
darf ich dein Rad nehmen?"

1 Welches Teil von Leons Rad ist kaputt? ☐  ☐  ☐  ☐ 

2 Suche zu jedem Verb die gebeugte Form im Text und kennzeichne sie. Schreibe:

wollen, er will ...

wollen   sollen   fragen   dürfen

3 Schreibe diese Verben und trage die Nummern aus der Wörterliste ein.

		Grundform		gebeugte Form
fahren				
machen				
nehmen				

4 Wie heißt der Satz aus der Geschichte?

will  *fahren*  *zu* .

5 Schreibe die Geschichte ab und füge einen Schluss hinzu.
Du kannst die Geschichte auch so schreiben:
Ich will zu … fahren.

Jedes Verb hat eine **Grundform**:
fragen, wollen

In Sätzen kommen **gebeugte Formen** vor:
Sie fragt. Er will.

1 Bilde Sätze und schreibe sie. Du kannst auch würfeln.

fahren

	e	ich fahre
fahr	st	du
fähr	t	er
	en	wir

stehen

	e	ich
steh	st	du
	t	er
	en	wir

helfen

	e	ich
helf	st	du
hilf	t	er
	en	wir

lachen

	e	ich
	st	du
lach	t	er
	en	wir

2 Schreibe die Verben in den gebeugten Formen.

3 Wie endet die Bildergeschichte? Male.

4 Schreibe eine Geschichte zu den Bildern.

Das Haus im Baum

Vater hat heute einen freien Tag.
Lena freut sich sehr,
weil er nun Zeit für sie hat.
Sie steigen beide auf den Baum
und bauen ein kleines Haus.

1 Wann hat Lenas Vater einen freien Tag?

☐ Sonntag ☐ heute ☐ Freitag

2 Kennzeichne in der Geschichte alle Wörter mit *au*, *ei*, *eu* und schreibe sie geordnet.

au

ei

ei

eu

3 Schreibe die Reimwörter.

~~B~~ → R

der

~~H~~ → M

4 Wie heißt der Satz aus der Geschichte?

heute  Tag einen hat freien .

5 Schreibe die Geschichte ab und füge einen Schluss hinzu.

6 Kontrolliere, ob du alles richtig geschrieben hast (→ S. 92).

Das sind **Zwielaute**:
au, ei, eu

Auge	–	Haus
Eis	–	klein
Euro	–	heute

Hallo!

Kommt am F [26] um d [27] Uhr

zum H [11] im B [8].

Wir wollen f [7],

w [22] ich G [6] habe.

Ich freue mich a [24] e [18].

Lena

1 Schreibe die Botschaft ab. Arbeite mit der Wörterliste.

2 Schreibe eine geheime Botschaft mit der Wörterliste.

B
B
B

der

H
H
H

T
T
T

3 Trage die Nummern aus der Wörterliste ein und schreibe die Nomen.

4 Schreibe dann die Nomen nach dem ABC geordnet.
Du musst dabei auf den zweiten Buchstaben achten.

5 Schreibe auf, was du zum Bau eines Baumhauses brauchst.
Benutze ein Wörterbuch.

Wer ist da?

Lena sagt zu ihrer Freundin:
„Ich zeige dir mein neues Haus."
Sie steigen auf die Leiter.
Meral bleibt stehen.
Sie hört etwas.
Wer ist da im Baumhaus?

1 Wer ist im Baumhaus? Male.

2 Kennzeichne im Text alle Wörter mit *ei* und schreibe sie.

3 Suche diese zusammengesetzten Nomen im Text und schreibe sie.

4 Bilde zusammengesetzte Nomen: *das Vogelhaus, ...*

Es ist eine kleine Maus.

Es ist nur die Katze.

Es ist ein Vogelkind.

… .

5 Schreibe die Geschichte ab und füge einen Schluss hinzu.

Zusammengesetzte Nomen sagen **genauer**, was gemeint ist.

Aus einem Haus wird ein Baumhaus.

1 Bilde zusammengesetzte Nomen und schreibe sie: *das Kinderhaus, …*

2 Schreibe die Reimwörter und kennzeichne *au, ei, eu*.

h 16	*w* 23	*l* 9
h → *w*	*w* → *sch*	*l* → *k*

3 Welche Nomen erkennst du? Schreibe sie mit Artikel.

F R E U N D B E I N B A U M M A U S E U R O E I S

F R A U A U G E L E I T E R L E U T E S T A U

4 Bilde zusammengesetzte Nomen und schreibe sie.

5 Schreibe die Reimwörter und kennzeichne *au, ei, eu.*

M 11	*F* 23	*b* 30
M → H	*Fr → St*	*bl → schr*

6 Sinn oder Unsinn?

Autobahn – Autozug – Autoreifen – Autodach – Autotelefon – Autobaum
Autobild – Autonummer – Kinderauto – Autohaus – Autoei – Autofuß

Lena und ihr kleiner Bruder
freuen sich über ihr neues Baumhaus.
Da kommen zwei Freunde.
Sie tragen eine schwere Kiste und rufen:
„Wir wollen heute ein großes Fest
mit euch feiern!"

1 Wähle eine Überschrift für die Geschichte aus.

Das große Fest	Im Baumhaus	...

2 In diesen Wörtern fehlen die Zwielaute *au, ei, eu*.

h__te	f__ern	Fr__nde
zw__	fr__en	B__mh__s

3 Suche diese Adjektive in der Wörterliste und schreibe sie.

k 18	ihr	Bruder
n 14	ihr	Baumhaus
s 21	eine	Kiste
g 18	ein	Fest

4 Schreibe Gegensatzpaare. *groß alt kalt schwer heiß leicht klein neu*

groß –

5 Schreibe die Geschichte ab und füge einen Schluss hinzu.

6 Kennzeichne die Adjektive.

Wörter wie
klein, groß, neu
heißen **Adjektive**.

Mit **Adjektiven**
kann man genauer sagen,
wie etwas ist oder aussieht.

1 Würfle mit zwei Würfeln und schreibe:

der kleine Baum, …

2 Löse das Silbenrätsel.

Au	Au	Eu	din	ge	ro
Frei	Freun	Lei	tag	ter	to

3 Schreibe Sätze mit den Wörtern von der Leiter.

Der Baum ist klein.

4 Löse das Silbenrätsel.

fei	freu	kau	ben	en	ern
schrei	stei	wei	fen	gen	nen

5 Schreibe Spaßsätze mit den Wörtern von der Leiter. Beispiel:

Der kleine Baum wünscht sich blaue Blätter.

6 Suche in der Wörterliste Wörter mit *au, ei, eu.*

Angst

Die Eltern besuchen Oma.
Ina und Uli sind allein.
Auf einmal hören sie etwas.
Sollen sie an die Tür gehen
oder im Bett bleiben?
Sie haben Angst.

1 Wo sind die Eltern von Ina und Uli? Antworte mit einem Satz aus der Geschichte.

2 Schreibe Nomen aus dem Text, die mit den Selbstlauten A, E, I, O, U anfangen.

3 Schreibe die Wörter aus dem Text und kennzeichne die Selbstlaute a, e, i, o, u.

_llein _twas _m _der _nd

4 Schreibe die Sätze aus der Geschichte.

_n_ _nd _l_ s_nd _llein.

Die _lt_rn b_s_ch_n _m_.

5 Schreibe die Geschichte ab und füge einen Schluss hinzu.

6 Kontrolliere, ob du alles richtig geschrieben hast (→ S. 92).

Die Laute
a, e, i, o, u
heißen **Selbstlaute**.

Alle anderen Laute
wie **b, d, f, ...**
heißen **Mitlaute**.

a → u

die Hand

der ______

a → i

die Wand

der ______

o → a

die Tonne

die ______

a → u

der Bach

das ______

1 Schreibe die Nomen.

2 Schreibe die Nomen paarweise untereinander.
Kennzeichne die Selbstlaute *a, e, i, o, u*.

3 Löse die Kreuzworträtsel. Es ergeben sich Reimwörter.

4 Schreibe die Reimwörter. Kennzeichne die Selbstlaute *a, e, i, o, u*.

5 Suche in der Wörterliste Nomen, die mit einem Selbstlaut beginnen.

6 Welches Wort in der Spalte *E e* hat die meisten Selbstlaute? Schreibe und male es.

7 Hattest du schon einmal Angst? Schreibe und male ein Bild dazu.

Die Eltern kaufen mit den Kindern ein.
Auf einmal sind die Eltern weg.
Ina und Uli wissen nicht,
wo sie suchen sollen.
Uli weint und sagt:
„Was machen wir denn nun?"

1 Wähle eine Überschrift aus. Allein | Was nun? | Wo sind die Eltern?

2 Schreibe die Wörter und kennzeichne die Buchstaben für die langen Selbstlaute.

s a g t d e n w i r w o n u n

3 Schreibe diese Wörter paarweise untereinander.
Oben stehen die Wörter mit langem Selbstlaut, unten die Wörter mit kurzem Selbstlaut.

s _ gt	d _ n	w _ r	w _	n _ n
m _ chen	d _ nn	w _ ssen	s _ llen	_ nd

4 Schreibe den Satz aus dem Text.

Ina _ nd Uli w _ ssen n _ cht, w _ sie s _ chen s _ llen.

Ina sagt:

„Wir warten hier."

„Wir warten am Auto."

„Wir gehen allein nach Hause."

„ ... ."

5 Schreibe die Geschichte mit deiner Überschrift ab. Füge einen Schluss hinzu.

Es gibt **lange** und **kurze** Selbstlaute.

sagt - machen
den - denn
wir - wissen
wo - sollen
nun - und

Blume Brot Buch Vogel Hase

Hose Hut Kuchen Dose

1	2	3
4	5	6
7	8	9

1 Schreibe hinter jede Nummer das passende Nomen.
Kennzeichne den Buchstaben für den langen Selbstlaut.

2 Schreibe hinter jedes Bild das passende Verb.
Kennzeichne den Buchstaben für den langen Selbstlaut.

schlafen holen lesen malen reden rufen

3 Schreibe Sätze mit den Wörtern aus den Aufgaben 1 und 2.

4 Suche in der Wörterliste unter H h Reimwörter zu den Nomen Nase, Dose, Mut.

Ball Fisch Geld Hund Katze

Kind Kiste Mann Puppe

(10)	(11)	(12)
(13)	(14)	(15)
(16)	(17)	(18)

5 Schreibe die Nomen.
Kennzeichne den Buchstaben für den kurzen Selbstlaut.

6 Schreibe die Verben.
Kennzeichne den Buchstaben für den kurzen Selbstlaut.

fallen wippen schwimmen lachen rennen trinken

7 Suche in der Wörterliste unter F f Reimwörter zu den Nomen Nest, Mutter, Tisch.

8 Schreibe einen Satz, in dem jedes Wort ein a enthält.

Krank

Seit Dienstag ist Paula krank.
Sie muss im Bett liegen
und soll nicht viel reden.
Sie darf nicht
mit anderen Kindern spielen.
Erik will Paula eine Freude machen.

1 Wie viele Tage liegt Paula schon krank im Bett? Kreuze an.

☐ zwei Tage ☐ drei Tage ☐ vier Tage ☐ fünf Tage

2 Schreibe die Wörter aus der Geschichte und kennzeichne *ie*.

D__nstag s__ l__gen v__l sp__len Br__f

3 Zu diesen Wörtern mit *ie* findest du Reimwörter im Text. Schreibe die Wortpaare.

fliegen	*die*	*Spiel*	*schief*
*l*______	*s*______	*v*______	*Br*______

4 Schreibe den Satz aus der Geschichte.

SIEDARFNICHTMITANDERENKINDERNSPIELEN.

Er schreibt einen Brief.

Er malt ein schönes Bild.

Er bringt Paula ein Buch.

Er … .

5 Schreibe die Geschichte ab und füge einen Schluss hinzu.

6 Kennzeichne alle Wörter mit *ie*.

Fast alle Wörter,
in denen man
ein langes „i“ hört,
werden mit **ie** geschrieben.

sie,
spielen,
Dienstag

Wenn sieben Fliegen hinter sieben Fliegen fliegen, fliegen sieben Fliegen hinter sieben Fliegen.

1 Schreibe den Satz und kennzeichne alle Wörter mit *ie*.

2 Kennzeichne die Wörter der beiden Wortfamilien mit zwei Farben. Schreibe sie geordnet auf.

fliegen das Spiel mitspielen der Flieger der Spielplatz
spielen die Fliege abfliegen das Fliegenfenster das Kinderspiel

Wortfamilie *spielen*

Wortfamilie *fliegen*

Wörter einer **Wortfamilie** haben einen Teil, der meistens gleich oder ähnlich geschrieben wird: spielen, Spielplatz

Diesen Teil nennt man **Wortstamm**.

3 Schreibe den Brief ab und kennzeichne alle Wörter mit *ie*.

4 Schreibe die Wochentage von *Montag* bis *Sonntag*. Schau in der Wörterliste nach.

5 Suche in der Spalte *V v* der Wörterliste Wörter mit *ie* und schreibe sie.

6 Suche in der Wörterliste Nomen, die man mit dem Wort *Tier* zusammensetzen kann.

7 Schreibe Sätze:

Heute ist … . Gestern war … .
In drei Tagen ist … .

Schwimmen

Vom Himmel lacht die Sonne
und alle wollen schwimmen.
Maria kann nicht ins Wasser gehen,
denn ihr Arm soll nicht nass werden.
Mutter will nicht,
dass Maria traurig ist.

1 Was fehlt im Bild? Male. ☐ Mond ☐ Sonne ☐ Regen

2 Kennzeichne im Text die Wörter mit den doppelten Mitlauten *ll, mm, nn, ss*.
Schreibe sie.

ll

mm

nn

ss

3 Schreibe die Reimwörter. Kennzeichne die doppelten Mitlaute.

~~M~~ → B

die

~~S~~ → T

4 Schreibe den Satz aus dem Text.

5 Schreibe die Geschichte ab und füge einen Schluss hinzu.

Viele Wörter haben **doppelte Mitlaute**.

Sonne, schwimmen, nass

1 Löse das Silbenrätsel.

____sen ____len

2 Schreibe gereimte Verben.

lassen	essen	rollen	stellen
f____	fr____	s____	b____

3 Welche Verbformen gehören zusammen?

wir	er
wir kommen	er

4 Schreibe Sätze mit den Verben aus Aufgabe 3:

Er kommt aus dem Wasser.
Wir können gut schwimmen.
Sie ...

5 Schreibe eine Geschichte über ein Erlebnis im Schwimmbad.

Im Wasser

Die Kinder rufen: „Eins, zwei, drei!"
Dann lassen sich alle schnell fallen.
Wer kann lange tauchen?
Lukas gewinnt immer.
Lea will wissen, wie das kommt.

1 Wer gewinnt immer? Antworte mit einem Satz aus der Geschichte.

2 Suche die Wörter im Text und schreibe sie. Kennzeichne *ll*, *mm* und *nn*.

da__ *wi__* *ko__t* *ka__* *schne__* *gewi__t.*

3 Löse das Silbenrätsel. Schreibe: *alle, al–le* ...

al	im	fal	las	wis	Was

len	le	mer	sen	sen	ser

4 Wie heißt der Satz?

D a n n l a s s e n s i c h a l l e f a l l e n .

Lea bleibt stehen.

Nun kann sie es sehen.

Lukas taucht später unter.

Lukas holt viel Luft.

5 Schreibe die Geschichte ab und füge einen Schluss hinzu.

6 Kennzeichne die doppelten Mitlaute.

Ba___

Hi___el

Ma___

Be___

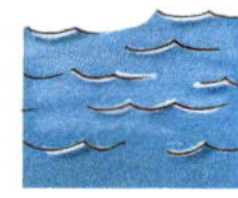
Wa___er

Ta___e

Bla___

So___e

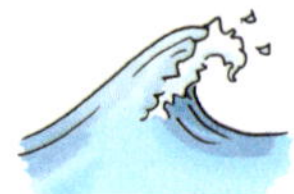
We___e

i 8
i___er

Wa___e

s 13
schne___

Mu___er

k 20
ko___en

Kla___e

mm

ss

nn

ss

ll

1 Trage die Wörter nach den doppelten Mitlauten geordnet ein.

S

Der Elefant liegt in der Tonne. Ich liege in der ______ .

T

Vater trinkt aus der Kasse. Ich trinke aus der ______ .

B

Mutter schläft im Fett. Ich schlafe im ______ .

P

Die Maus spielt mit der Suppe. Ich spiele mit der ______ .

M

Opa fragt die Butter. Ich frage die ______ .

2 Schreibe die Reimwörter in die Spaßsätze.

3 Schreibe Spaßsätze aus Aufgabe 2.

4 Schreibe eine Geschichte zum Bild.

In der ______________

Lukas lässt Wasser ein.
Als die Wanne voll ist,
lässt er sein Schiff schwimmen.
Dann macht er Wellen,
immer schneller
und immer mehr.

1 Ergänze die Überschrift.

Wolke | Schule | Wanne

2 Schreibe die Wörter aus der Geschichte und kennzeichne die doppelten Mitlaute.

vo__ ______________ da__ ______________

i__er ______________ schne__er ______________

3 Wie heißen die Nomen?

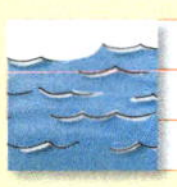 ______________  ______________

 ______________  ______________

4 Schreibe die Verben. Kennzeichne die Endungen *-e*, *-st*, *-t* und *-en*.

schwimm   e   st   t   en | komm   e   st   t   en

ich ______________ ich ______________

du ______________ ______________

er ______________ ______________

wir ______________ ______________

5 Schreibe die Geschichte ab und füge einen Schluss hinzu.

6 Kennzeichne die doppelten Mitlaute.

Bei gleichem Wortstamm bleibt der doppelte Mitlaut erhalten.

ich komme
du kommst
er kommt
wir kommen

renn___

e	st	t	en	t	en

ich

du

er

wir

ihr

sie

roll___

e	st	t	en	t	en

ich

du

er

wir

ihr

sie

wipp___

e	st	t	en	t	en

ich

du

er

wir

ihr

sie

1 Setze Wortstamm und Endung zusammen.

gehen sprechen

laufen fragen

antworten wandern

reden kommen

springen rennen

sagen rufen

2 Ordne die Verben den beiden Wortfeldern zu und schreibe sie.

Wortfeld gehen

Wortfeld reden

3 Schreibe Sätze:

Ich laufe. Du gehst. Er r…

4 Schreibe eine Geschichte zum Bild.

Verben mit ähnlicher Bedeutung kann man zu einem **Wortfeld** ordnen.

Wortfeld **reden**:
sprechen, sagen, …

Im Traum

Der Elefant fliegt mit der Maus.
Sie fliegen über Wälder und Täler,
über Bäche und Flüsse,
über Dörfer und Städte.
Sie fliegen immer weiter.

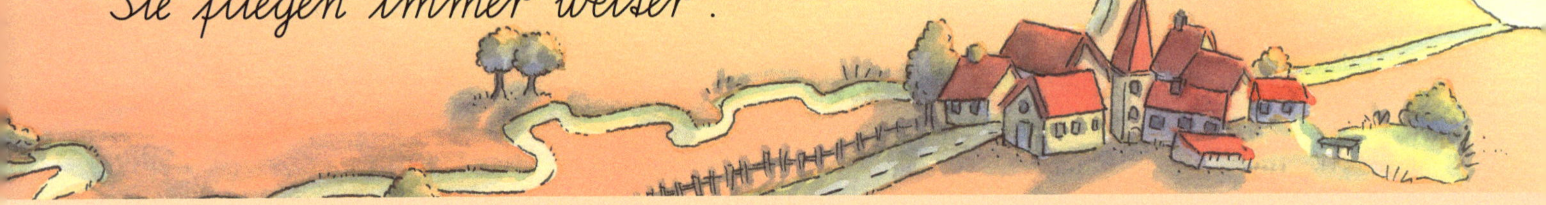

1 Was steht nicht in der Geschichte? Streiche durch.

Sie fliegen über | Schiffe | Wälder | Autos | Dörfer

2 Diese Nomen stehen im Text in der Mehrzahl. Kennzeichne sie.

Bach Dorf Fluss Stadt Tal Wald

3 Schreibe die Nomen in der Einzahl und in der Mehrzahl. Kennzeichne die Umlaute ä, ö, ü.

	Einzahl	Mehrzahl
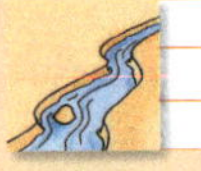	der Bach	die

4 Löse das Silbenrätsel. | Dör | Flüs | Tä | Wäl | der | fer | ler | se

5 Schreibe die Geschichte ab und füge einen Schluss hinzu.

6 Kennzeichne alle Umlaute.

Das sind Umlaute:
ä, ö, ü.

Aus a, o, u wird
in der Mehrzahl
oft ä, ö, ü.

1 Schreibe die Nomen in der Einzahl und in der Mehrzahl.
Kennzeichne die Umlaute.

① das
die

⑤

②

⑥

③

⑦

④

⑧

2 Schreibe die Nomen in der Einzahl und in der Mehrzahl.
Kennzeichne die Umlaute.

Mann – M■nner *Buch – B■cher* *Kopf – K■pfe*

Loch – L■cher *Ball – B■lle* *Hut – H■te*

3 Suche in der Spalte *M m* der Wörterliste
alle Nomen mit Umlauten und schreibe sie.

4 Was erleben der Elefant und die Maus auf ihrem Flug?
Schreibe eine Geschichte und male dazu.

____

Der Elefant fliegt über die Bäume,
dass die Blätter rauschen.
„Hilfe, Hilfe!", rufen die Mäuse.
Schnell rennen sie in ihre Häuser.
Rums! Der Elefant landet.
Da wackeln die Wände und Dächer.

1 Wähle eine Überschrift aus und schreibe sie.

Hilfe!	Die Landung	Bei den Mäusen	...

2 Diese Nomen stehen in der Geschichte in der Mehrzahl. Kennzeichne sie.

Baum Blatt Dach Haus Maus Wand

3 Schreibe die Nomen in der Einzahl und in der Mehrzahl. Kennzeichne ä und äu.

Einzahl	Mehrzahl
der	die

4 Wie heißt der Satz?

rennen | ihre | sie | in | schnell |  | .

____

5 Schreibe die Geschichte mit deiner Überschrift ab. Füge einen Schluss hinzu.

6 Kennzeichne *ä* und *äu*.

Zu fast jedem Nomen
mit ä oder äu
gibt es eine verwandte Form
mit a oder au.

Blatt – Blätter
Baum – Bäume

1 2 3 4 5 6

1 Trage die Nomen in der Mehrzahl in das Kreuzworträtsel ein.

Ball *Garten* *Hand* *Rad* *Tal* *Wand*

2 Schreibe die Nomen in der Einzahl und in der Mehrzahl.

	Einzahl	Mehrzahl
1	*die Wand*	*die*
2		
3		
4		
5		
6		
7		

Der	sieht	Blätter	an		Bäumen.
Die	hört	Männer	auf	den	Häusern.
		Dächer	in		Wäldern.
		Mäuse			

3 Bilde Sätze und schreibe sie.

4 Suche diese Wörter in der Wörterliste und schreibe sie.

A 13 14 | A 21 22 | N 2 3 | R 5 6 | S 1 2

5 Suche in der Spalte B b der Wörterliste alle Nomen mit ä und äu und schreibe Sätze damit.

Nomen (Namenwörter)

Viele **Nomen** sind Wörter für **Lebewesen** und **Dinge**, auf die man zeigen, die man sehen oder anfassen kann. → S. 10

Nomen schreibt man **groß**. → S. 11

Nomen können in der **Einzahl** stehen: das Kind
Nomen können in der **Mehrzahl** stehen: die Kinder → S. 18

Zusammengesetzte Nomen sagen **genauer**, was gemeint ist: **Haus – Baumhaus** → S. 51

Artikel (Begleiter)

Vor **Nomen** kann man einen **Artikel** setzen:
der Vogel, die Leiter, das Fenster → S. 14

der, die, das sind **bestimmte** Artikel. → S. 24

ein und **eine** sind **unbestimmte** Artikel. → S. 24

Verben (Tuwörter)

Wörter wie **fahren, warten, kommen** heißen **Verben**. → S. 35

Mit **Verben** kann man sagen, was jemand **tut**:
wir fahren, sie warten → S. 35

In der Wörterliste stehen die Verben in der **Grundform** und in einer **gebeugten Form**: **sagen – er sagt, müssen – er muss** → S. 39

Verben mit ähnlicher Bedeutung kann man zu einem **Wortfeld** ordnen: **reden – sprechen, sagen, ...** → S. 81

Adjektive (Wiewörter)

Wörter wie **klein, groß, neu** heißen **Adjektive**. → S. 55

Mit **Adjektiven** kann man genauer sagen, **wie** etwas ist oder aussieht. → S. 55

Selbstlaute

Die Laute **a, e, i, o, u** heißen **Selbstlaute**. → S. 8

au, ei und **eu** heißen **Zwielaute**:
Auge – Haus, Eis – klein, Euro – heute → S. 47

Es gibt **lange** und **kurze** Selbstlaute. → S. 63

Fast alle Wörter, in denen man ein langes „i“ hört,
werden mit **ie** geschrieben: **sie, spielen, Dienstag** → S. 67

Zu fast jedem Wort mit **äu** gibt es
eine verwandte Form mit **au**: **Mäuse – Maus** → S. 87

Zu fast jedem Wort mit **ä** gibt es
eine verwandte Form mit **a**: **Blätter – Blatt** → S. 87

Mitlaute

Bei manchen Wörtern **hört** man am Ende ein **„a“**,
aber **schreiben** muss man meistens **-er**: **Vater, Mutter** → S. 32

Manche Wörter spricht man am Wortanfang
mit „schp“ oder „scht“. Man schreibt sie aber
mit **Sp/sp** oder **St/st**: **Spaß, spielen, Stau, steigen** → S. 40

Viele Wörter haben **doppelte Mitlaute**:
Sonne, schwimmen, nass → S. 71

Bei gleichem Wortstamm bleibt der doppelte Mitlaut
erhalten: **ich komme, du kommst, er kommt, wir kommen** → S. 79

Satz und Satzzeichen

Das erste Wort im Satz schreibt man **groß**. → S. 22

Wenn ein Satz zu Ende ist, setzt man einen **Punkt**. → S. 23

Nach einer Frage steht ein **Fragezeichen**. → S. 27

Nach einem Ausruf steht ein **Ausrufezeichen**. → S. 27

Was jemand spricht, setzt man in **Anführungszeichen**. → S. 31

Abschreiben

- Lies ein Wort oder mehrere Wörter. Du kannst dafür eine Abdeckkarte aus Papier herstellen.
- Präge dir die Wörter ein. Achte auf schwierige Stellen.
- Decke die Wörter zu.
- Schreibe die Wörter auswendig.
- Vergleiche mit der Vorlage.
- Wenn du ein Wort falsch geschrieben hast, berichtige den Fehler.

Prüfen und berichtigen

- Lege die Vorlage neben dein Heft.
- Vergleiche Wort für Wort. Du kannst deine Abdeckkarte nehmen.
- Achte auf schwierige Stellen.
- Ist ein Wort falsch gechrieben, unterstreiche den Fehler.
- Schreibe dann das Wort noch einmal und vergleiche mit der Vorlage.
- Überprüfe so alle Wörter.
- Hast du kein Satzzeichen vergessen?
- Sind die Nomen und die Satzanfänge großgeschrieben?

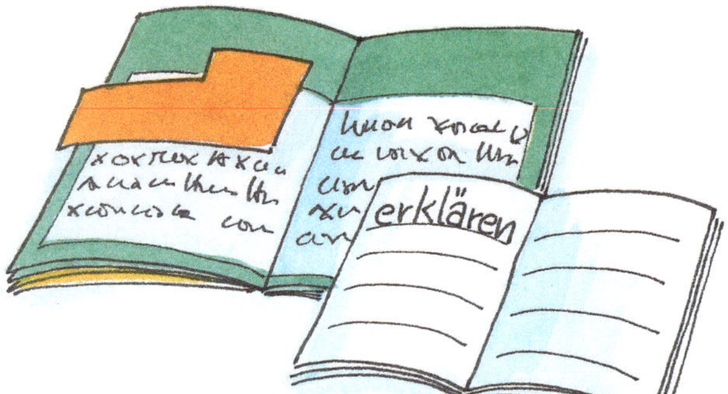

Partnerdiktat

Zwei Kinder arbeiten zusammen.

- Lest euch den Text oder die Wörterliste genau durch.
- Sucht die schwierigen Stellen in den Wörtern.
- Nun diktiert ein Kind Wort für Wort, das andere Kind schreibt in sein Heft.
- Wer diktiert, passt auf, dass alles richtig ist. Bei einem Fehler wird „Stopp!“ gesagt.

Wenn das Diktat fertig im Heft steht, tauscht ihr die Rollen.

Dosendiktat

- Schreibe den Text Satz für Satz auf Papierstreifen.
- Schau dir die Wörter auf dem ersten Streifen genau an.
- Kennzeichne schwierige Stellen.
- Merke dir den Satz und lege den Streifen in die Dose.
- Schreibe den Satz in dein Heft.
- Das machst du nacheinander mit allen Streifen.
- Zum Schluss vergleichst du mit den Streifen.

Ihr könnt auch zu zweit oder in der Gruppe arbeiten.

Schleichdiktat

- Lege den Text entfernt von deinem Platz ab.
- Schleiche zum Text und lies einen Satz oder nur einen Teil. Merke dir, was du gelesen hast.
- Schleiche zu deinem Schreibplatz zurück und schreibe, was du dir gemerkt hast.
- Schreibe so den gesamten Text.
- Zum Schluss holst du dir den Text und vergleichst.

Wörterschachtel

- Schreibe schwierige Wörter auf Karten und lege sie in deine Wörterschachtel.
- Nimm die Karten einzeln heraus und merke dir die Wörter.
- Lass dir die Wörter diktieren.
- Wenn du ein Wort richtig geschrieben hast, bekommt die Karte auf der Rückseite ein Sternchen.
- Hat eine Karte drei Sternchen, nimmst du sie aus der Schachtel heraus.

Wörterkartei

Die Kartei hat Fächer für Wortkarten.
Jedes Wort, das du beim Üben ohne Fehler geschrieben hast, kommt ein Fach weiter.
Wörter, die du beim Üben falsch geschrieben hast, kommen zurück in Fach 1.

- Schreibe Wörter, die du üben musst, richtig auf einzelne Karten und sammle sie in Fach 1.
- Nimm Karten aus Fach 1 und übe die Wörter, z. B. als Dosendiktat. Wörter, die du richtig geschrieben hast, sammelst du in Fach 2.
- Nimm Karten aus Fach 2 und übe die Wörter, z. B. als Schleichdiktat. Wörter, die du richtig geschrieben hast, sammelst du in Fach 3.
- Nimm Karten aus Fach 3 und übe die Wörter, z. B. als Partnerdiktat. Alle Wörter, die du richtig geschrieben hast, sammelst du in Fach 4.

Einen Text planen

- Schreibe in die Mitte eines Blattes das Wort, über das du schreiben willst.
- Schreibe alles auf das Blatt, was dir zu deinem Wort einfällt.
- Kreise dann die Wörter ein, die dir besonders wichtig sind.

Einen Text schreiben

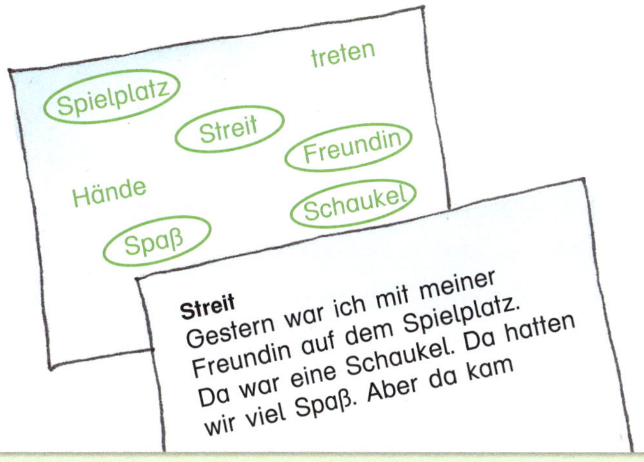

- Schreibe mit den eingekreisten Wörtern deine Geschichte.
- Du kannst mit der Überschrift beginnen oder dir die Überschrift erst zum Schluss ausdenken.

Beraten

- Lies anderen Kindern deine Geschichte vor.
- Lass dir sagen, was du gut gemacht hast und was du noch verbessern kannst.

Überarbeiten

- Schreibe die Geschichte noch einmal. Denke an die Ratschläge.
- Wenn dein Text veröffentlicht werden soll, muss er fehlerfrei und gut lesbar geschrieben sein (z. B. auf dem Computer).

Üben mit der Wörterliste – Beispiele

1

Nomen

A a

der Affe, ...

2

Verben

L l

wir lachen, ...

3

Adjektive

G g

gelb, ...

4

Nomen in **Einzahl** und **Mehrzahl**

H h

der Hut – die ...

5

Wörter mit den **Zwielauten** au, ei, eu

F f

feiern, ...

6

Wörter mit ie

W w

die Wiese, ...

7

Wörter mit **doppelten Mitlauten** ff, ll, mm, ss, ...

S s

das Schiff, ...

8

Wörter mit den **Umlauten** ä, ö, ü, äu

B b

die Bäche, ...

9

Wörter mit mehr als einer **Silbe**

T t

Tasse – Tas-se, ...

10

Das **kürzeste** und das **längste** Wort

D d

da, ...

11

Reimwörter

M m

machen – lachen

...

12

Wörter für **Ich-Sätze**

K k

Ich mag Kuchen.

Ich habe ...

Ihr könnt auch zu zweit oder in der Gruppe arbeiten.